VIVO CERCA DE UN BOSQUE

Walter LaPlante

Traducido por Alberto Jiménez

Gareth Stevens
PUBLISHING

Please visit our website, www.garethstevens.com. For a free color catalog of all our high-quality books, call toll free 1-800-542-2595 or fax 1-877-542-2596.

Cataloging-in-Publication Data

Names: LaPlante, Walter, author.
Title: Vivo cerca de un bosque / Walter LaPlante.
Description: New York : Gareth Stevens Publishing, [2017] | Series: Biomas donde yo vivo | Includes bibliographical references and index.
Identifiers: ISBN 9781482462135 (pbk. book) | ISBN
  9781482461459 (6 pack) | ISBN 9781482462142 (library bound book)
Subjects: LCSH: Forest ecology–Juvenile literature. | Forests and
  forestry–Juvenile literature.
Classification: LCC QH541.5.F6 L3657 2017 | DDC 577.3–dc23

Published in 2017 by
Gareth Stevens Publishing
111 East 14th Street, Suite 349
New York, NY 10003

Copyright © 2017 Gareth Stevens Publishing

Translator: Alberto Jiménez
Editorial Director, Spanish: Nathalie Beullens-Maoui
Editor, English: Kristen Nelson
Designer: Andrea Davison-Bartolotta and Bethany Perl

Photo credits: p. 1 Olga Danylenko/Shutterstock.com; pp. 2-24 (background texture) wongwean/Shutterstock.com; p. 5 Anna Nahabed/Shutterstock.com; p. 7 (world map) ekler/Shutterstock.com; p. 7 (forest) amadeustx/Shutterstock.com; p. 9 Skylines/Shutterstock.com; p. 11 (forest) metriognome/Shutterstock.com; p. 11 (pine needles) Beata Becla/Shutterstock.com; p. 11 (beech leaf) Oprea George/Shutterstock.com; p. 13 (beech leaves) SJ Travel Photo and Video/Shutterstock.com, p. 13 (oak leaves) Snowboy/Shutterstock.com; p. 13 (maple leaves) Dmitrij Skorobogatov/Shutterstock.com; p. 15 Ivakoleva/Shutterstock.com; p. 17 Ronnie Howard/Shutterstock.com; p. 19 worldswildlifewonders/Shutterstock.com; p. 21 aldorado/Shutterstock.com.

Printed in the United States of America

CPSIA compliance information: Batch #CW17GS: For further information contact Gareth Stevens, New York, New York at 1-800-542-2595.

CONTENIDO

¿Ves árboles?. 4

Encuentra bosques. 6

Hojas que caen. 8

Siempre verdes 10

Árboles comunes. 12

El dosel 14

El bioma es una casa 16

Glosario. 22

Para más información 23

Índice. 24

Las palabras del glosario se muestran en **negrita** la primera vez que aparecen en el texto.

¿Ves árboles?

Mira a tu alrededor. ¿Hay muchos árboles cerca de tu casa? ¡Es posible que tengas un bosque en tu jardín! Un bosque es un **bioma** compuesto principalmente de árboles.

Encuentra bosques

Los bosques crecen en lugares con meses más cálidos y donde cae gran cantidad de lluvia cada año. La mayoría de los bosques **templados** se encuentran en América del Norte, Asia Oriental y Europa Occidental. Algunos se pueden encontrar en América del Sur y Australia.

América del Norte

Europa

Asia

● bosques templados

América del Sur

África

Australia

7

Hojas que caen

Los bosques de **hoja caduca** crecen en lugares donde hay cuatro estaciones. Florecen y crecen en primaveras y veranos cálidos. En otoño, con el descenso de la temperatura, pierden las hojas. Durante los inviernos fríos no crecen.

verano

otoño

invierno

primavera

Siempre verdes

Los bosques de **hoja perenne** suelen crecer donde los veranos son cálidos y los inviernos no tan fríos; necesitan lluvia abundante. Los bosques de hoja perenne se componen de coníferas (pinos, abetos), árboles de hoja ancha, o ambos. Estos árboles mantienen las hojas todo el año.

agujillas

hoja ancha

11

Árboles comunes

¡Ya se encuentre tu jardín en América del Norte o en Asia, es posible que veas árboles de la misma familia! Los bosques templados muestran muchas veces una mezcla de árboles de hoja caduca y de hoja perenne. Hayas, robles, arces o pinos son árboles comunes en los bosques templados.

arce

roble

haya

13

El dosel

La **capa** superior del bosque se llama dosel. Lo forman las copas de los árboles más altos que se aproximan mucho unas a otras. ¡A veces crecen tan juntas que bloquean los rayos del sol, lo que merma el crecimiento de las plantas a nivel del suelo! Estas plantas acostumbran a ser de talla pequeña.

El bioma es una casa

Los bosques albergan muchos animales. ¡Algunos, como los pájaros, incluso viven en los árboles! Se alimentan de los muchísimos insectos que habitan en los bosques. Otros animales, como los zorros, comen animales más pequeños (ardillas, por ejemplo) que también tienen su casa en el bosque.

cardenal

Los animales de un bioma
boscoso necesitan **adaptarse**
a las estaciones. Muchas aves
migran a lugares donde hay más
comida en invierno. Los osos y
otros animales hibernan, es decir,
duermen, se aletargan, durante los
meses más fríos.

¡Los bosques templados son el lugar predilecto de muchos otros animales! Los seres humanos, sin embargo, talamos los árboles para construir carreteras y viviendas. Un bosque se puede transformar en un patio sin tener en cuenta lo que allí vive. ¡Tenemos que cuidar de este bioma!

21

GLOSARIO

adaptarse: cambiar para soportar mejor las condiciones.

bioma: comunidad natural de plantas y animales, como un bosque o desierto.

capa: parte de algo que cubre otra cosa.

hoja caduca: hoja que cae depués de un tiempo de crecimiento.

hoja perene: hoja que siempre está verde.

migrar: trasladarse a lugares más fríos o más cálidos durante una estación.

templado: clima ni demasiado caliente ni demasiado frío.

PARA MÁS INFORMACIÓN

LIBROS

Silverman, Buffy. *Let's Visit the Evergreen Forest*. Minneapolis, MN: Lerner Publications, 2016.

Waxman, Laura Hamilton. *Life in a Forest*. Minneapolis, MN: Bellwether Media, 2016.

SITIOS DE INTERNET

Biomes
online.kidsdiscover.com/unit/biomes
Para saber más sobre los muchos biomas de la Tierra.

Temperate Forest
kids.nceas.ucsb.edu/biomes/temperateforest.html
Lee más sobre bosques de árboles caducifolios (de hoja caduca) aquí.

Sitios de Internet: Nota del editor a los educadores y padres: nuestro personal especializado ha revisado cuidadosamente estos sitios web para asegurarse de que son apropiados para los estudiantes. Muchos sitios web cambian con frecuencia, por lo que no podemos garantizar que posteriores contenidos que se suban a esas páginas cumplan con nuestros estándares de calidad y valor educativo. Tengan presente que se debe supervisar cuidadosamente a los estudiantes siempre que tengan acceso al Internet.

ÍNDICE

América del Norte 6, 12

América del Sur 6

animales 16, 18, 20

árboles de hoja ancha 10

árboles perennes,
    de agujillas 10

ardillas 16

Asia 6, 12

Australia 6

aves 16, 18

bosques de hoja caduca
    8, 12

bosques perennes 10, 12

bosques templados 6, 12

dosel 14

estaciones 8, 18

Europa 6

osos 18

seres humanos 20

zorros 16